Título original en alemán: Josefine, der Bär und Peer

Colección libros para soñar

C/ Avión Cuatro Vientos, 7 - 41013 Sevilla
Telefax: 954 095 558
andalucia@kalandraka.com
www.kalandraka.com

Impreso en C/A Gráfica
Primera edición: junio, 2007
ISBN: 978-84-96388-63-5
D.L. SE-1872-07

Christiane Pieper

Catalina, el Oso y Pedro

kalandraka

Catalina y el Oso reciben la visita del primo Pedro,
se saludan y se van sin rumbo por el mundo.

A veces, el Oso lleva a Pedro sobre los hombros;
para Catalina pesa demasiado.

A veces, Pedro sienta al Oso sobre él;
para Catalina pesa demasiado.

Viajan haciendo carreras…

a veces ladrando...

a veces muy despacio...

a veces muy rápido.

A veces chapotean.

A veces se arrastran por la arena.

A veces nadan y bucean.

A veces saltan sobre las olas.

A veces avanzan a cuatro patas.

A veces se cuelgan como los perezosos,
pero Pedro no se atreve a tanto.

A veces se lanzan de árbol en árbol como los monos,
pero el Oso no se atreve a tanto.

A veces viajan
sobre las jirafas.

A veces bailan la samba con mucha gente.

A veces van con cuidado...
¡por si aparece la serpiente!

Viajan sin rumbo por el mundo Catalina, el Oso y Pedro.